Anthony Quinn 604

604

Título original en gallego: **Bebé Bigotes**

© del texto | Patacrúa 2006
© de las ilustraciones | Alessandra Cimatoribus 2006
© de la traducción | Patacrúa 2006
© de esta edición | OQO Editora 2006

Alemaña 72 | 36162 PONTEVEDRA
Tfno. 986 109 270 | Fax 986 109 356
OQO@OQO.es | www.OQO.es

Diseño | Oqomanía

Primera edición | julio 2006
ISBN | 84.96573.46.X
DL | PO.402.06

Patacrúa,
a partir de un cuento tradicional de Mongolia

Ilustraciones de Alessandra Cimatoribus

Bebé Bigotes

oQo EDITORA

Érase una vez
un viejo muy viejo
y una vieja muy vieja,
que soñaban con tener un bebé.

Un día decidieron
ponerse manos a la obra.

Hicieron una niña de **madera**,
pero era demasiado dura.

Hicieron un niño de **trapo**,
pero era demasiado blando.

Hicieron otro de **harina**,
pero se lo comieron los ratones.

Después de muchos intentos,
la vieja se encogió de hombros,
arrugó la nariz y dijo:

– Hacer niños no es nada fácil.
Será mejor encargar uno,
y que nos lo manden hecho.

Escribieron una **carta** a los Reyes… ¡y nada!

Dejaron **mensajes** para las cigüeñas… ¡y nada!

Tiraron **monedas**
al pozo de los deseos…

¡Y nada de nada!

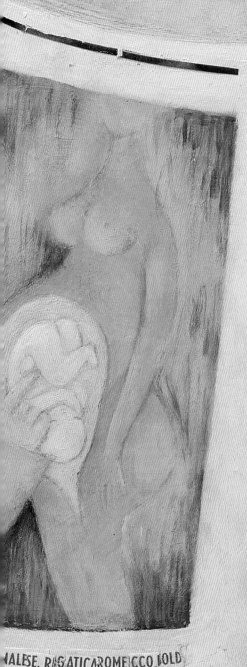

El viejo
empezaba a estar cansado
de tantas historias,
y le gritó a la vieja:

– ¡Basta ya!
Si quieres un hijo,
tendrás que sacarlo
de la barriga.

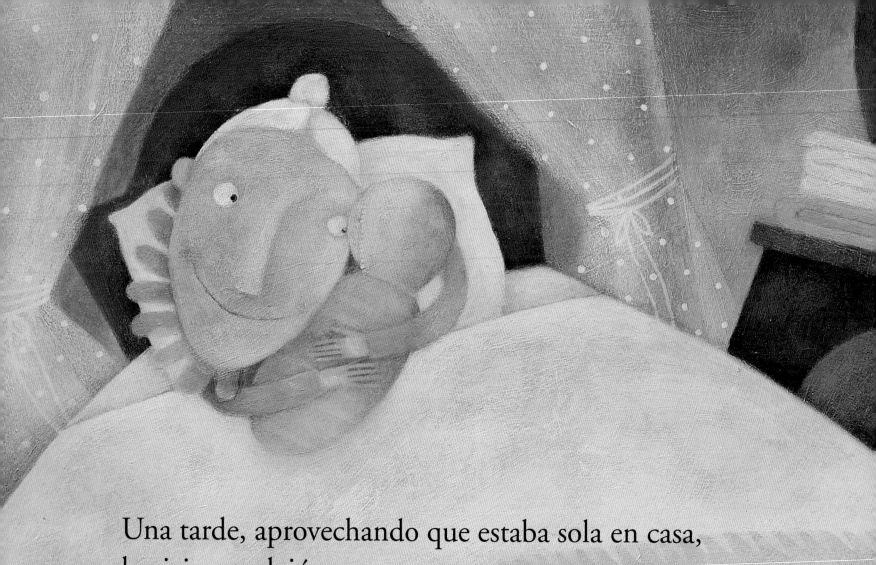

Una tarde, aprovechando que estaba sola en casa,
la vieja envolvió un gato en una manta
y lo metió en la cama.

Cuando llegó el viejo, le dijo:
– **He parido un bebé... ¡de bigotes!**

El viejo se alegró mucho
y lo sentó en su regazo:

– ¿Por qué es tan peludo?

– Porque le he calcetado
una chaqueta para que no tenga frío
-dijo ella.

– ¿Y por qué tiene rabo?

– Porque tú ya tienes muchos años
para espantarle las moscas.

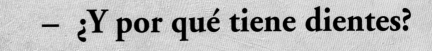

– ¿Y por qué tiene dientes?

– Porque yo ya no estoy para darle la teta,
y tiene que comer queso duro.

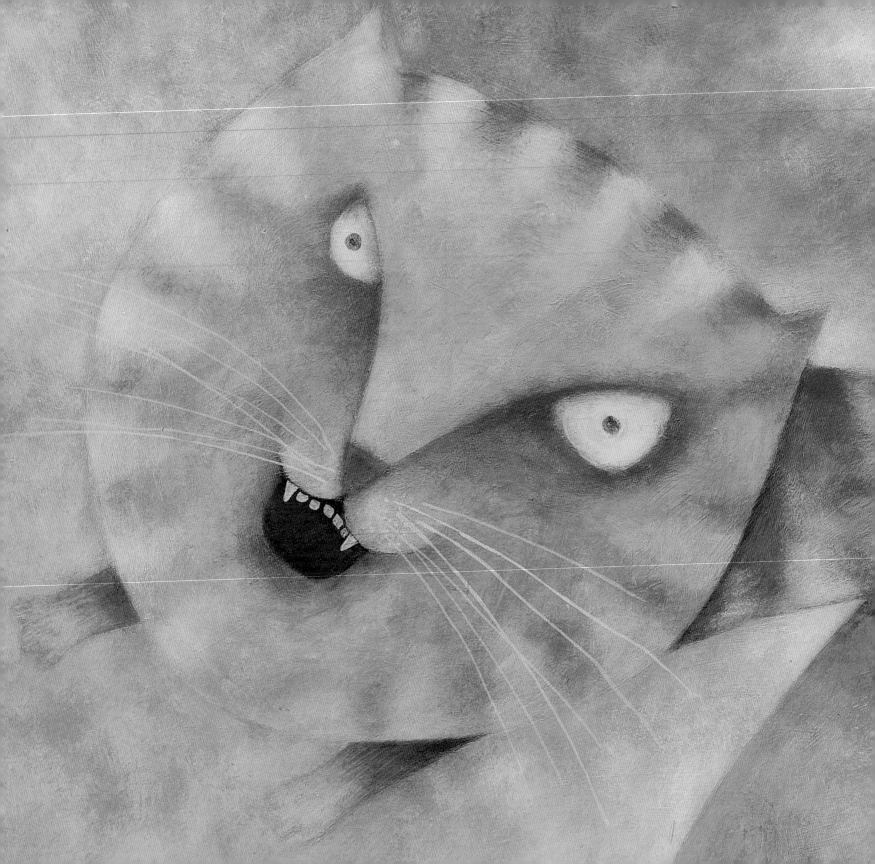

El viejo estaba feliz con su hijo, y se lo llevó de paseo.

Pero, en cuanto salieron de casa, el gato, ¡HOP!,
dio un salto y desapareció.

El pobre hombre,
disgustado,
regresó a casa
y le dijo
a su mujer:

– ¡Nos estamos
haciendo viejos!
No tenemos fuerzas
para criar hijos.

– Pues...
menos mal
que el nuestro
ha nacido listo
y ya se ha ido
por el mundo
-lo consoló ella.

Después, se dieron un abrazo;
y el viejo le susurró:

**– ¡Hay que ver qué suerte hemos tenido
con nuestro Bebé Bigotes...!**

Desde entonces vivieron felices,
cuidando el uno del otro.

Y nunca más volvieron a pensar
en tener un bebé.